www.tredition.de

AF196116

Katrin Beeger

Heute bin ich schwarz-weiß-kunterbunt

© 2020 Katrin Beeger

Coverbild: Britta Beeger

Verlag und Druck:
tredition GmbH, Halenreie 40-44, 22359 Hamburg

ISBN
Paperback: 978-3-347-18175-5
Hardcover: 978-3-347-18176-2
e-Book: 978-3-347-18177-9

Für Britta, Mami, und Papi.
Für meine Familie.

Sophia legt beide Hände stützend an den Kopf. Als seien sie das Einzige, was ihn noch halten kann - was ihre Gedanken daran hindern kann, wie tausend kleine Splitter durch ihren Kopf zu rasen.

Ihre Unterlippe zittert. Ihre Wangen sind rot, brennen von den salzigen Tropfen, die wie ein stiller Fluss hinab laufen. Die langen braunen Haare fallen erschöpft herab. Ihre Gedanken - ein Sammelband über all ihre Fehler.

Das geht nun schon eine Weile so. Sie schaut sich um, schließlich mag sie es doch hier. Ist stolz, auf sich und den Weg, den sie bis hierhin gegangen ist. Immer begleitet von all den wunderbaren Menschen in ihrem Leben. *Sophia, es ist so leicht, lass los. Sei glücklich. Du hast alles, was es dafür braucht. Und noch viel mehr.* Die Worte in ihren Gedanken umkreisen sie, fliegen davon. Wie bunte Blätter im Herbst, die sich mit letzter Kraft an ihrem Baum festgehalten hatten. Nun loslassen, friedlich ergeben zu Boden schweben. Sophia sieht das Leben, das sie so liebt. Sie kennt die Wärme in ihrem Herzen. Sie kommt aber nicht dran.

Sie steht daneben, schaut auf eine dunkle Wand. Was sie sieht, das ist Enttäuschung. Fehltritte, die anderen geschadet haben. Verletzte Gefühle. Hatte sie immer alles versucht, um es richtig zu machen? Warum konnte sie nicht besser sein? Reichte es, wie sehr sie sich bemühte? Reichte sie?

Sie fängt sich. Sie versucht es. Atmet tief aus. *Es ist okay, du bist okay.* Sie schlägt die nächste Seite auf; und fällt. Dann geht sie raus.

Und dann fragt dich dieses Buch

Sag' mir doch mal

Was kannst du wirklich gut?

Drei Dinge gleich

Und keines fällt mir ein

Worin bin ich wirklich gut

Und welchen Platz nehme ich in dieser Welt ein?

Fühl' mich plötzlich wieder zu klein

Alles dreht sich im Kreis

Zieht sich zusammen

Was mich sonst stark macht

Sehe ich nur davon schwimmen

Dafür fällt mir alles ein

Was ich in meinem Leben hätte besser machen können

Hab' nicht immer alles gegeben

Nicht jeden Fehler vermieden

Und jetzt komme ich nicht raus

Aus dem Bunker

Der sich in meinem Kopf immer größer aufbaut

Raus

Ich geh' raus

Spür' die Luft

Den Wind in meinem Gesicht

Spür' das Leben

Das bin ich

Ich bin lebendig

Und ich bin frei

Nicht jeder Schritt, den ich mache

Fehlerfrei

Aber viele

Federleicht

Denn jeder einzelne

Von Herzen

Und ich atme

Tief ein

Nehme alles auf

Lass das ganze Leben rein

Und akzeptiere

Irgendeinen Grund wird es schon dafür geben

Dass ich hier bin

Manchmal zweifle

Jedes Puzzleteil von mir

Auseinander reiße

Bis da nur noch Einzelteile sind

Die mich anstarren und fragen

Wer ich eigentlich bin

Bis auf ein paar Teile in der Mitte

Die alles zusammenhalten

Und doch kein Bild sind

Also nehme ich nun

Jedes einzelne Teil zurück

Fange am Rand an

Arbeite mich vor

Stück für Stück

Bis alle Teile wieder zusammen sind

Ein paar mit Ecken und Kanten

Andere strahlen in bunten Farben

Man könnte meinen, man hört ein Lachen

Vom Wind vorbei getragen

Die Erinnerungen

An die Menschen, die ich liebe

Und die mich lieben

Dann füge ich das letzte Puzzleteil ein

Und sehe das Bild

Halte einen Moment inne

Als es mich anstrahlt

Und mir mit einem Zwinkern zu verstehen gibt

Dass es mehr als nur drei Dinge sind

Sophia hängt das Bild auf, sie möchte es jeden Tag sehen. Sie möchte sich jeden Tag daran erinnern, wie bunt es ist.

Daran, dass jedes einzelne Teil dazu gehört. Zu ihr gehört. Auch die mit einem Knick oder sogar einem Riss. Denn nichts könnte die Lücken von fehlenden Teilen füllen. Zu manchen der strahlenden Puzzleteile hätte, ohne das ein oder andere eingeknickte Teil, kein Weg geführt.

Sophia nimmt noch einen tiefen Atemzug. Sie ist wieder bei sich. Das wurde auch Zeit. Es war der letzte Moment, um sich allein zu helfen.

Sie kennt das Kommen und Gehen im Leben, Glück, Zufriedenheit, Trauer, Sicher- und Unsicherheit. Und sie weiß, dass das noch nicht alles war. Sie wird noch oft hoch in den Himmel fliegen, und sie wird wieder stürzen. Dann, sagt sie sich, wird sie sich nicht wieder nur auf sich verlassen.

Sie ist jetzt 27. Und hat das Gefühl ihre Zeit fängt gerade richtig an. Sie weiß, wer sie ist, aber das war nicht immer so.

Sophia ist 22 und denkt an Jasper. Sicher ist er der Grund dafür, dass sie sich mit niemand anderem einlassen kann. Seit drei Jahren hat sie ihn schon nicht mehr gesehen. Aber er war der Richtige für sie. Deshalb will Sophia mit niemandem ausgehen und kann einfach nichts fühlen, wenn sie einen anderen Mann küsst.

Jasper hatte sie nie geküsst. Aber sie weiß genau wie sich das anfühlen würde. Wenn Sie es sich vorstellt, spürt sie diese kribbelnde Wärme. Sie kann fühlen, wie die Zeit stehen bliebe. Ja, sie würde sich endlich angekommen fühlen.

Überhaupt, sie ist eben emotionaler als ihre Freunde. Sophia ist nicht so. Einfach mit dem nächsten ausgehen.

Ich bin so. Sie schmunzelt. Sie ist genauso. Sie kann nun all das verstehen, was ihre Freunde ihr erzählt hatten.

Und sie erinnert sich noch sehr genau an den Moment, der ihr gezeigt hatte, wer sie ist. Durch den plötzlich alles Sinn ergeben hat, all die Jahre zuvor.

Sophia ist mit 22 Jahren noch sehr viel unsicherer als jetzt. Aber heute traut sie sich was. Sie liebt die Musik und hat eine Schule gefunden, gleich um die Ecke. Heute geht sie dorthin, einfach so, um sich alles anzuschauen und mit den Leuten zu reden. Auf andere zugehen fällt ihr schwer. *Aber das kann ich*, denkt sie, als sie in den schmalen Hinterhof abbiegt. Noch einmal tief einatmen, während sie die wenigen Stufen hoch zum Eingang geht.

Und da ist er, der Grund für all ihre verworrenen Gedanken, wenn es um die Liebe geht. Noch nie zuvor hatte ihr Herz so heftig geklopft. Sie spürt die Schmetterlinge von den Zehenspitzen bis zu ihren Lippen, die sich leicht geöffnet zu einem Lächeln formen. Sie hat glänzende Augen und hält kurz inne. Der Grund sitzt an der Theke. Jana heißt sie, sie lacht und redet mit Mark auf der anderen Thekenseite.

Bumm bumm, bumm bumm. Sophias Herz meldet sich wieder. *Was ist das nur?* Schritt für Schritt geht sie auf die Theke zu, nimmt ihren Mut zusammen und spricht Jana an. An die Worte, die sie nun wechseln, kann Sophia sich später nicht erinnern. Ihre Aufmerksamkeit ist ganz bei Janas Blick und ihren Mundwinkeln, bei dem kleinen Muttermal auf ihrer Wange und dem Klang ihrer Stimme. Als Sophia wenig später wieder auf dem Hinterhof steht, hat sie einen neuen Kontakt in ihrem Handy. Es ist nicht der von Jana, sondern der von Theresa, bei der Sophia Klavierunterricht nehmen wird.

Vollgetankt mit Emotionen geht sie heim. Sie freut sich auf den Unterricht und ist euphorisch, wenn sie daran denkt. Denn *Jana wird ja auch da sein*. Ganz sicher.

Als Inhaberin der Musikschule ist Jana tatsächlich oft dort, wenn Sophia den Unterricht bei Theresa hat. Nach dem Unterricht bleibt Sophia dann meistens noch länger in der gemütlichen Ecke am Eingang, um noch Zeit mit Jana und den anderen zu verbringen. Später am Abend wird gekickert und alle trinken gemeinsam noch ein Bier. Aber manchmal muss Sophia feststellen, dass Jana nicht da ist. Nicht auf sie wartet, während Sophia sich schon auf sie freut.

So wird es sein in den nächsten Wochen und Monaten. Gefühlt hat sie es schon im ersten Moment. Wann gesteht sie es sich ein? Mit jedem Besuch in der Musikschule nimmt Sophia ihre Emotionen deutlicher war. Die Nervosität, auf dem Hinweg. Die Wärme, die Glücksgefühle, wenn sie Jana begegnet. Und die tiefe Enttäuschung, die Sehnsucht, wenn sie Jana mal eine oder sogar zwei Wochen nicht sieht.

Ist das denn möglich? Wieso habe ich das all die Jahre nicht gemerkt? Bin das wirklich ich? Darf ich das? Was sagen die anderen?

Ein kleines Kartenhaus fällt zusammen. Sie hatte sich doch genau zurechtgelegt, warum alles so ist, wie es ist. Ein Kartenhaus.

Es kommt der Tag. Sophia sieht nicht mehr die zusammengefallenen Karten, sie sieht abgerissene Mauern, mit denen sie sich selbst den Weg versperrt hat. Es war immer schon da, das war immer schon sie. Sie weiß jetzt, wie sich das anfühlt. Verliebt zu sein. Und sie weiß jetzt auch, wie sich Liebeskummer anfühlt.

Ich frage mich

Was wäre wenn?

Wenn wir fallen

Wenn wir zu dem stehen

Was wir lieben

Wen wir lieben

Wer wir sein wollen

Was wir machen

Und alles was du hörst

Das ist ein Lachen

Kein fröhliches

Nett gemeintes

Nein, ein kaltes

Nein, das darf nicht passieren

Ich möchte nicht verlieren

Was verlieren?

Keine Ahnung

Aber ich mein' das wär' doch schlimm

Ich könnte nie wieder aufstehen

Nie wieder aufrecht gehen

Aufrecht gehen

Ja, ich weiß, ich habe diese

Leicht gebückte Haltung

Aber es ist doch besser so

Als zu fallen

Oder nicht?

Ich frag' mich manchmal wie das ist

Wie das wohl ist

Wenn wir fliegen

Uns immer wieder verlieben

In jeden Moment

Der sich anfühlt wie ein Regenbogen

Der tanzt

Wenn wir tanzen und lachen und es spüren

Mitten in unseren Herzen

Und vergessen

Vergessen all die Schmerzen und Sorgen

Die eventuell, vielleicht

Wenn wir nicht aufpassen

Noch kommen

Denn, wenn wir immer nur aufpassen

Würde es doch nie so weit kommen

Wir würden es nie fühlen

Und wir wissen doch alle

Wer versucht zu fliegen

Kann fallen

Aber der Hase wird nie fliegen

Er wird immer nur laufen und sich verkriechen

In einem Erdloch

Dunkel und kalt

Und wer weiß

Vielleicht auch noch nass

Wer will denn das?

Wer will denn das?

Also sei die Hummel

Sei das Wunder der Natur

Nicht nur das Gegenteil von tot

Sei das Leben

Sei lebendig

Und endlich spürst du, was es heißt

Nicht nur zu sein

Sondern zu beben

Deine Träume zu leben

Es rauszuschreien, wenn du liebst

Zu stürzen

Wenn du merkst, dass es nicht geht

Und doch zu spüren, dass du lebst

Weiterzugehen

Und irgendwann

Wirst du fühlen, wie wunderschön das Leben sein kann

Warte

Nicht zu lang

Sophia wartet nicht mehr. Sie nimmt alles auf. Schreit es raus. Gesteht ihre Gefühle.

Sie ist in der Zeit sehr dankbar für ihre Freunde und ihre Familie. Hier kann sie einfach sie selbst sein. Auch wenn sie beim ersten Gespräch darüber so nervös ist, so lange rumdruckst, bis Kiki denkt, sie hat was mit ihrem Freund - sie kann darüber reden, es ist kein Outing, es sind Gespräche über ihren Liebeskummer.

Die Musikschule verlässt sie, Jana verlässt sie. Wenn Gefühle nicht erwidert werden, wird daraus Kummer. Einer, der es nicht verzeiht, Jana immer wiederzusehen.

Den Abschied wird sie nie ganz verkraften, sie waren gute Freunde geworden. Sophia wird sich immer fragen, ob sie sich nochmal begegnen.

Sophia ist 29, als sie sich wieder begegnen. Sie hatte ein paar Tage zuvor einen kurzen Brief geschrieben, aber keine Antwort bekommen. Das konnte sie sogar verstehen und kam sich etwas feige vor, *warum nur schaffe ich es nicht einfach zu ihr rüber zu gehen?* Jana wohnt schließlich ganz in der Nähe. *Verrückt, dass wir uns in all den Jahren nie zufällig begegnet sind.*

Heute Abend geht Sophia ans Rheinufer und setzt sich auf ihren Lieblingsplatz bei den Steintreppen. Es ist ein warmer Sommerabend, einige Menschen sind unterwegs. Mit einem Eis in der Hand oder mit Musik auf den Ohren nimmt jeder die Schönheit des lauen Abends am Wasser auf die eigene Weise auf.

Sophia lässt den Blick schweifen, versucht einen Ort am anderen Ufer zu finden, an dem sie in diesem Sommer ein schönes Konzert mit ihrer Band spielen durfte. Ihre Gedanken werden unterbrochen, als ein Partyschiff vorbeifährt. Die Bootsgäste tanzen gut gelaunt, Sophia hofft auf ein besseres Lied.

Im selben Moment wechselt die Musik, „Lass sie gehn" von Seeed läuft. Sophia swingt mit. Jana läuft vorbei. Direkt vor ihr. Sophia hält den Atem an. Sie schaut ihr nach. Sie lässt sie gehen.

Heute weiß ich

Du bist mein wundester Punkt

Was ich noch nicht weiß

Ist wie ich ihn überwind'

Es ist ein unangenehmer Schmerz. *Der Schmerz des Lebens,* denkt sie. Kommen und Gehen gehören dazu. Ganz verstehen wird sie das nie.

Heute denkt Sophia nicht an das Gehen, sie denkt daran, was in ihr Leben gekommen ist. Auf der Suche nach Liebe hatte sie Ina kennen gelernt. Und wie sie die Liebe in ihr gefunden hat, die Liebe zum Leben. Für Sophia ist es eine neue Art, die kleinen Wunder im Leben zu entdecken. Und zu genießen. Jeder schöne Stein, jedes grüne Blatt, jede Blume, jeder Fluss, jeder Grashalm im Wind ist etwas Besonderes. Egal ob in der Großstadt zwischen Asphalt und Lärm oder weit draußen in der freien Natur. Ina zeigt ihr, die Welt zu entdecken, direkt vor ihrer Haustür.

Du gehst durch den Tag

Musstest früh raus

Und dann weit fahren

Mit all dem Lärm und dem Dreck

In der Bahn

Doch das siehst du nicht

Weil es da ein Funkeln gibt

Auf dem Wasser

Du gehst weiter

Und was du siehst

Ist nicht grau und kein Beton

Es ist der Friede und die Freude

Und die Freiheit

Wenn du tanzt

Keine Zeit, die dich stresst

Jetzt weiß ich

Warum deine Uhr steht

It´s time to smile

Ohne geht kein Tag vorbei

Das Leben ist schön

Man muss nur hinsehen

Es ist ein kleiner Elefant

Er gibt dir Kraft

Es sind zwei Schildkröten an der Wand

Sie holen mich ab

Zurück zu mir

Das Leben ist schön

Es ist alles, was man lernt

Jeden Tag

Es ist deine Wahrnehmung

Du lässt sie rein

Sie hat Platz

Es ist grün, es ist bunt

Manchmal mit einem Hauch von schwarz

Aber immer auch ein bisschen warm

Das Leben ist schön

Es ist der Marienkäfer

Der plötzlich auftaucht

Der Vogelschwarm

Der deinen Weg kreuzt

Der Windzug

Der dich nach Hause trägt

Das Leben ist schön

Und du kannst es sehen

Die Wolke die am Himmel schwebt

Erinnert mich an einen Krieger

Der nach vorne zieht

Und ohne Kampf

Den Sieg nach Hause trägt

Es ist der kleine Funken Glück

Den er in sich trägt

Wohin er auch geht

Er kann ihn sehen

Und wie das Leben schön ist, denkt Sophia. Sie strahlt. Sie fühlt diese Wärme. Bei jedem kleinen Schritt. Hier mitten in Köln muss sie sich manchmal daran erinnern, die Schönheit der kleinen Momente und Orte wahrzunehmen. Es ist schön, ein Bewusstsein dafür zu haben.

Es gibt Orte, da muss sie gar nichts dafür tun. Keine Gedanken sortieren, einfach sein. Kurz nachdem sie Ina kennengelernt hat, war Sophia mit ihren Eltern am Meer, nur ein paar Tage. Sie waren an einem kleinen Ort an der Ostsee, hier waren sie früher schon jedes Jahr.

Sie und ihre Schwester Julia sind damals noch mit Kinderaugen durch die Welt gelaufen. Sind über die kleine Mauer balanciert und haben den ganzen Tag mit Mama und Papa am Strand verbracht. Die Promenade war überströmt mit köstlichen Gerüchen von den kleinen Imbiss-Ständen. Entscheiden mussten sie sich nicht, Onkel Pete hat Julia und Sophia alles zu Essen gekauft, was sie wollten. Die Möwen haben versucht das gleich wieder zu klauen. Opa hat beim Balancieren gestützt. Und wollte gleich danach in die Milchbar. Schokoladen-Ostereier wurden im Garten versteckt. Manche werden vielleicht erst nächstes Jahr gefunden.

Beim Käpt'n gab es scheinbar unlösbare Rätsel. Und um die Ecke durften sie und Julia sich glitzernde Edelsteine aussuchen. Die Erinnerungen, so bunt und strahlend wie der Horizont, wenn die Erde aufwacht.

Am ersten Tag steht sie früh auf, gleich um vier Uhr, sie möchte die ersten Sonnenstrahlen sehen. Und die sieht Sophia, direkt am Meer, was für ein Gefühl.

In der Ruhe liegt die Kraft

Stehst heute fast still

Kein Grund zur Sorge

Alle Gedanken weit weg

Es wird langsam hell

Als eine Möwe über mich hinweg fliegt

Weit raus zu dir

In meinen Gedanken flieg ich hinterher

In dem Sturm liegt der Mut

Der Wind pfeift durch mein Gesicht

Die Wellen zeigen, wer du bist

Deine Weite öffnet mir die Augen

Die Tiefe nehm' ich mit nach Hause

Dein Funkeln spiegelt sich

In meinem Strahlen

Alles scheint leicht

Meine Sorgen werden klein

Mein Leben strahlt in bunten Farben

Hören kann ich dich heute laut

Und tanke meinen Mut neu auf

Ich hoffe, das Meer

Hat dich etwas gelehrt

Lass los, was dich nur beschwert

Kein Ballast ist die Reise wert

Wer könnte mehr an dich glauben

Als du selbst?

Wer darf dich begleiten

Auf deinem Weg?

Lass niemanden bei dir wohnen
Der nicht in deine Gedanken gehört
Verschenke keine Zeit
Wenn sie jemand nicht schätzt
Wo du dich frei fühlst
Bist du angekommen
Noch niemand hat das Matterhorn
Mit einem Rucksack voller Steine erklommen

Ich hoffe das Meer
Hat dich etwas gelehrt
Manchmal brauchst du nur etwas mehr Zeit
Als du dir selbst gewährst

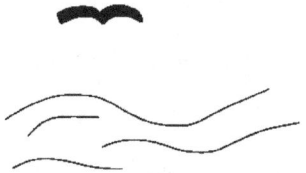

Sophia nimmt alles auf. Ein befreiendes Gefühl wieder an der Ostsee in dem kleinen Ort zu sein, an dem sie schon so viel Zeit mit ihrer Familie verbracht hat. Sie denkt gern zurück daran, wie es hier früher war.

Am Meer, da denkt sie auch an Verena, die Schwester von ihrem Papa. An sie, und die anderen die unser Leben schon verlassen haben. Verena viel zu früh. Dabei hatte sie so viel Lebensenergie. Lebenswillen, Kraft und Mut. Freude, Liebe, die Sonne im Herzen. Und Peter Pan im Kopf.

Die Sonne scheint immer

Manchmal eben nur hinter den Wolken

Wir wollten nicht, dass du gehst

Weil wir dein Strahlen doch hier noch brauchten

Keiner war bereit

Es wurde aber auch niemand gefragt

Auch nicht du

Bevor du deine Reise begannst

Noch einmal das Meer sehen

Zum neuen Jahr

Noch ein Drink

In deiner Lieblingsbar

Cheers, Madame

Auf dass es nicht der letzte war

Ich bin mir sicher, du machst schon allen klar

Dass man die besten Dinge auch in höchster Höhe braucht

Und dass du auch jetzt einen Platz hast

Am Meer

Und dir die Wellen anschaust
Und uns mit jedem Wellengang zeigst
Bis wohin der Himmel reicht
Und dass wir sie nutzen müssen
Unsere Zeit

Schließlich wollen wir dir alles erzählen
Wenn wir uns einmal Wiedersehen
Stell sich einer vor, wir würden hier nichts mehr erleben
Da würde doch der Himmel beben
Das Leben ist zum Leben da
Jeden Moment, jeden Tag
Es gibt immer einen Grund zum Lachen
Kein Rückschlag konnte dir das kaputt machen
Dein Leichtmut war dein schönstes Kleid
Ich hoffe du vermisst ihn nicht
Denn etwas davon spendet uns
hier immer noch ein bisschen Licht

Die Sonne scheint immer
Manchmal eben nur hinter den Wolken
Manchmal braucht sie neue Kraft
Aber die Sonne scheint immer

Und ich hab' das Gefühl
Sie strahlt nun etwas heller

Peter Pan - denkt Sophia. Sie möchte das auch nicht verlieren. Die Energie, die Neugierde eines Kindes. Die Bereitschaft an Wunder zu glauben. Sie lächelt und denkt an ihr Patenkind. Maria glaubt nicht nur daran, sie malt in ihrer Fantasie ganze Schlösser und eine wilde Schatzjagd mit Piraten ins Wohnzimmer. An einem Nachmittag. So viel Begeisterung für jeden Moment.

Sophia konnte nie gut mit Kindern umgehen. Maria hat ihr gezeigt, wie das geht. Hatte ihr gar keine Wahl gelassen, als mit ihr durch den großen Garten zu rennen, all die Tiere und Pflanzen zu entdecken, auf Rutschen und Schaukeln herumzuturnen. Sie hat ihr gezeigt, wie man Kinder durch die Luft zu wirbelt, fantasievollste Geschichten erfindet und erzählt. Wie man Schreikrämpfe beruhigt, oder einfach lacht, bis sie wieder mit lacht.

Für Maria ist jeder Tag vom Augenaufschlag bis zum erschöpften Einschlafen auf dem Sofa unendlich viel Zeit für alles, was ihr Freude macht. Und was das ist, entdeckt sie jeden Tag neu.

Wann verlieren Erwachsene diese Fähigkeit, fragt sich Sophia. *Und kann man sie zurück erobern?*

Fröhlich läuft Maria auf sie zu, nimmt sie an der Hand, und schon ist sie mitten in einer aufregenden Welt rund um zauberhafte Prinzessinnen, Autos, die fliegen können und an einem Ort, an dem wir uns die Welt malen, wie sie uns gefällt. *Komm mit*, ruft sie.

Das kann nicht gehen

Zu riskant

Gegen die Regeln

Ohne Rückwand

Mach lieber was Vernünftiges

Und vergiss mal lieber Sokrates

Wir wissen, dass wir wissen

Horizont kannst du am Himmel sehen

Deine Gedanken

Können sich nicht so weit drehen

Und deine Träume

Werden dir schnell vergehen

Also wach jetzt wieder auf

Höre ich

Und schalte den Ton aus

Denn ich möchte heute träumen

Nichts versäumen

In meiner eigenen Seifenblase

Die ich mit Malkreide

Bunter als die Regenbogenfahne male

Und wir sehen uns im Wunderland

Dort, wo Wunder Namen tragen

Wir Abenteuer nicht nur wagen, sondern jagen

Und Einhörner in Herden traben

Ja, wir sehen uns im Wunderland

Komm, wir laufen los

Alice wartet schon

Auf unserem eigenen Ponyhof

Einmal mit dem Hutmacher tanzen

Ohne Flügel fliegen und

Heil wieder landen

Auf den Wolken

Das ist alles, was wir wollten

Und ich kann es sehen

Heute strahlt der Himmel bunt

Und wartet nur auf uns

Und wir sehen uns im Wunderland

Dort, wo Wunder Namen tragen

Wir Abenteuer nicht nur wagen, sondern jagen

Und Einhörner in Herden traben

Ja, wir sehen uns im Wunderland

Komm, wir laufen los

Alice wartet schon

Auf unserem eigenen Ponyhof

Was ist in deiner Seifenblase?

Ich sag dir was

Meine ist aus harter Schale

Eh sie platzt

Erlebst du, dass ich auch dir eine male

Alles kann so bunt sein, wie man es selbst zulässt. Schon beim Aufwachen am nächsten Tag möchte Sophia sich daran erinnern. Mit einem Lächeln aufwachen, rausschauen und dem Tag die Chance geben der beste ihres Lebens zu werden.

Dass Sophia diese Gedanken aufgeschrieben hat, ist schon ein paar Jahre her.

Als sie 25 Jahre alt war, hatte Sophia Fabi kennengelernt. Sie haben zusammen eine Band gegründet. Es ist eine tolle Zeit, Sophia lernt viel. Gemeinsam Musik zu machen, macht irre viel Spaß. Große Aufregung vor den ersten kleinen Auftritten, große Träume, viel Zeit zusammen, im Proberaum und in dem kleinen Innenhof. Viele Gedanken, die beide bewegen. Sophia schließt Fabi schnell in ihr Herz.

Er schreibt selbst viele Texte und inspiriert auch Sophia, wieder mehr zu schreiben. Texte wie *Wunderland*. Musik und ihre Gedanken in Worte zu fassen, nehmen endlich einen größeren Platz in ihrem Leben ein. Die Zeit mit Fabi wird ihren Weg verändern, kurze Zeit später kündigt sie ihren Job, um Musik zu studieren. Der Impuls kam durch ihn. *Ich weiß nicht, wo ich jetzt ohne ihn wäre*, denkt sie. Sie ist froh, um das, was sie zusammen erlebt haben.

Aber sie weiß nicht, welchen Platz er jetzt noch in ihrem Leben hat. Es hat sich verändert, einfach so. Kein gemeinsames Abhängen mehr, keine Gespräche über alles, was bewegt, keine Umarmungen mehr. Sophia hat irritiert, wie sehr sie das vermisst, diese Berührung. Fabi hat sie so fest gehalten, als könnte sie nie wieder fallen. Sie konnte es kaum aushalten, wie sich alles verändert. Was war passiert? Musste sie wieder jemanden gehen lassen? Was war los, und was war das für eine bittersüße Wärme?

Und wenn du gehst

Lass es mich nur wissen, wenn du gehst

Denn es tut weh

Tut weh, nicht zu wissen

Wo du bist

Und wo du stehst

Gibt es für uns noch einen Weg?

Oder hast du losgelassen

Angefangen zu hassen

Wer wir sind?

Und was wir machen?

Was ist hier passiert?

Wann haben wir aufgehört, zu lachen?

Vergiss nicht dass auch mein Herz daran hängt

An dir hängt

Und nicht weiß, wie es sich auffängt

Nicht, wenn es nicht weiß

Wo du stehst

Bitte lass mich wissen, wenn du gehst

Ihre Wege trennen sich. Sophia erzählt Fabi irgendwas von Liebe. Sie ist verzweifelt über ihre Gefühle, überfordert, ihn zu verlieren und wieder nicht zu wissen, was sie eigentlich empfindet. Sie hatte doch gerade erst gemerkt, dass sie sich nur in Frauen verlieben kann. *In welche Schublade gehöre ich denn nun, verdammt.* Schubladen, die Idee von Schubladen wird Sophia später in ihrem Leben loslassen. Nirgendwo reinpassen zu wollen, ist sehr befreiend.

Sie wird nie sicher sagen können, was es war, vielleicht gibt es Liebe in mehreren Farben. Vielleicht war es nicht die Liebe, für die sie es gehalten hat. Den Platz in ihrem Herzen hat er nicht verloren. Die Hoffnung darauf, dass es wieder wird, was es mal war, die hatte sie losgelassen.

Die Hoffnung stirbt zuletzt

Aber wann ist das?

Zuletzt

Wann ist ein Gefühl nur noch Erinnerung?

Wann ist ein Moment vergangen?

Wann ist es vorbei?

Sodass man es nicht mehr zurückholen kann

Wann flackert der Funke nur noch?

Aber flammt nicht mehr auf

Wann stirbt die Hoffnung?

Wann geht der Funke aus?

Wann lässt sie einen raus?

Wenn man nicht mehr rein kann

Wenn man nicht mehr vorwärts kommt

Aber auch nicht mehr zurück

Wann bedeutet etwas Neues

Dieses unversehrte Glücks-

Gefühl?

Bitte lass mich los

Sie ist froh, dass es anders gekommen ist. Fabi hat wieder einen Platz in ihrem Leben. Sie haben geredet. Über Musik. Und über Gefühle, das was passiert ist. Das hatte sie nicht mehr für möglich gehalten. Gut, dass sie noch an Wunder glaubt. Sie lächelt. Zeit heilt vielleicht nicht alle Wunden, aber Zeit hilft.

Die Zeit, sie hilft nicht nur, sie vergeht auch ganz schön schnell. Nun wird sie schon bald 30. Sie hatte gedacht das ist ein komisches Gefühl. Jetzt fühlt es sich nach der besten Zeit ihres Lebens an. All diese tollen Menschen an ihrer Seite.

Sie kann sich mittlerweile öffnen, kann über alles reden, alles Gute und alle Zweifel. So viele verrückte und fröhliche Zeiten, so viele tiefe Gespräche, laue Sommerabende, an denen getanzt, gelacht und gesungen wird. Kurztrips an den nächsten Strand mit einem Flamingo zum Wellenreiten, auf die Parkwiese mit Dosenbier und dem Traum von einem Festival, ans andere Ende der Welt, für all die Wunder der Erde. Sie ist dankbar. Nichts davon will sie vermissen.

Aus ihrem Handy tönt Musik. „Oh Agnes" läuft, von Jules Ahoi. Sie mag den Song sehr. Wenn sie ihn hört, denkt sie an Grenzen und Erwartungen, die andere einem stellen, und denen man sich widersetzen möchte. Daran, man selbst zu sein.

Sophia denkt an ihre eigenen Mauern, die sie sich selbst gebaut hatte. Nie hatte ihr jemand anderes den Weg versperrt, auf ihre Familie, auf ihre Freunde konnte sie immer zählen. *Wissen sie eigentlich, wie viel sie dazu beigetragen haben, dass ich jetzt die bin, die ich sein will? Dass ich glücklich bin?* Sie ist dankbar für all die Menschen, die sie auf dem Weg begleitet haben, auf dem Weg ihre eigenen Mauern zu durchbrechen.

Weißt du eigentlich

Wohin du mich gebracht hast?

Ich bin jetzt groß

Ich weiß nicht nur, was ich will

Ich sage das auch

Ich zeige, wer ich bin

Und das mit Stolz

Ich bin jetzt groß

Aber nicht zu erwachsen

Manchmal hab ich das Gefühl, ich schau von außen auf mich

Ich bin dem gewachsen

Und da ist noch mehr als das hier

Ich mein' es ist schon ziemlich gut

Der Kaffee, die Sonnenstrahlen, der Wind im Gesicht

Und dieses Lied

Dann bist da noch du

Ich bin dankbar für dich

Hast mir Sorgen genommen

Über mich und die Welt

Mich rausgeholt

Aus meinem Zimmer

Meinem kleinen Gedankenzelt

Mir gezeigt, was draußen los ist

Verrückte Zeit mit Auf und Abs

Und Schnaps

Trotzdem hab ich das nicht vergessen

Erste Schritte raus aus dem Nest

Zurück gekehrt mit einem dankbaren Lächeln

Fall' nicht hin

Hast du gesagt

Das hat nicht immer geklappt

Dieser verdammte Laternenpfahl

Und dann noch jeder gedankliche Fall

Keiner hat dich verschreckt

Immer wieder warst du da

Und hast mir gezeigt

Warum du an mich glaubst

Und ja, ich kann das auch

Ich kann das auch, jetzt

Ich kann offen sein

Auf mein Glück zugehen

Weil ich keine Angst mehr haben muss zu fallen

Alles, was das Leben belebt, mitnehmen

Ich kann lieben

Aber auch gehen

Weitergehen

Ohne, zu vergessen

Bei dir war es wunderschön

Wenn auch nur einen Moment

Ein kurzer, der jede Träne wert ist

Ich kann lieben

Und dazu stehen

Bei dir konnte ich Liebeskummer haben

Ohne zu erklären

Warum ich von ihr rede

Nicht von ihm

Du erinnerst mich immer wieder daran

Dass ich gut bin, wie ich bin

Und alles schaffen kann

Dass nach den Sternen greifen

Träumen sein mag

Und trotzdem glücklich machen kann

Denn jeder Schritt in Richtung Traum

Ist ein Teil davon

Dass es nichts zu bereuen gibt

Denn an Fehltritten wächst man

Jeder neue Tag

Die Chance auf ein neues Wunder

Entlang dem Weg auf dem wir wandern

Auf dem wir tanzen

Auf dem wir stolpern

Tapsig gehen

Glück schon aus der Ferne sehen

Ich kann jetzt auch auf Bühnen stehen
Den Beat vorgeben
Denn du wolltest mich von Anfang an mitnehmen
Auch als ich noch gewackelt hab'
Wenn es passt dann passts
Keine Passform könnte mich glücklicher machen
Und ich sing' und ich tanz' so viel
Seitdem du in meinem Leben bist

Du teilst alles mit mir
Und allen anderen
Bringst uns und das Glück
Immer wieder zusammen
Findest immer Worte für Trost
Mut und Kraft
Es ist so schön, wenn du lachst
Oh, wie mich allein das schon glücklich macht

Ich bin so dankbar
Für all das hier
Für das, was ich bin

Für das, was ich fühl'

Du bist ein Teil von mir

Danke dafür

Sie dankt innerlich allen Menschen an ihrer Seite. Und auch all denen, die sie nur ein kurzes Stück begleitet haben.

Sie ist dankbar für jede offene und ehrliche Begegnung, auch wenn es trotzdem nicht immer reicht, um einen Platz in dem Leben des anderen einzunehmen.

Kurz vor Weihnachten hat sie Mila kennen gelernt, Sophia hat sie zu einem Konzert eingeladen. Ein besseres erstes Date wird sie wohl nie arrangieren, die Karten hatte sie gewonnen, so ein Glück. Sie lacht. Und nicht nur das, es war ein schönes Date, Mila ist ein schöner Mensch, ein schönes Gefühl. Beim zweiten Date gibt es einen Kuss, so sanft, Sophia konnte es nie vorher so empfinden. Endlich angekommen, wenn auch nur für eine Nacht.

Deine Stimme

Mit deinem Lächeln

Bringt die kleinsten Fasern

Auf meiner Haut

Auch noch in der Erinnerung

Zum Beben

Ich kann das nicht

Ich kann das nicht

Ich muss das können

Kann ich das ich

Weiß nur

Dass ich dich gerade

noch furchtbar vermiss'

Wie du so vor mir sitzt

Ganz unaufgeregt

Aus deinem Leben singst

Vom erwachsen werden

Von hohen Schuhen

Und von der Symbiose

Wenn ich dich berühr'

Kann ich sie spüren

In jeder Melodie

Ich weiß gar nicht

Wohin mit mir

Und hab' das Gefühl

Du weißt gar nicht

Wie schön du bist

Du und deine Kunst

Berühren mich

Und ja, ich mag das so

Deine Hand auf meinem

Bein

Sag mir, wie können denn Hände nur so zart sein?

Und überhaupt bist du so unwahrscheinlich zärtlich

So sinnlich so sensibel, so viel Liebe

Bitte halt mich

Bitte halt mich

Nur noch einen Moment

Halt mich fest

Bis ich dran glaube

Dass mich das nie wieder loslässt

Dieses Gefühl

Du hast mir gezeigt

Dass es das wirklich gibt

Manchmal muss man jemandem

Den man wirklich gern hat

Dabei zusehen, wie er wegfliegt

Weil man ihn nicht halten kann

Und dass auch nicht will

Ich hoffe, du landest an einem Platz

An dem du glücklich wirst

Sie wird diese Begegnung nie vergessen. Auch wenn es nicht sein sollte, Sophia hat gelernt die Momente zu genießen, als das, was sie sind. Nicht nur als das was wir uns daraus erhoffen oder erwarten. Wie viele kurze, wunderbare Augenblicke wir dabei verpassen würden. Sophia schaut hoch zu den Wolken. Das möchte sie nicht mehr. Glück verpassen, während es dir direkt vor der Nase lang schwebt. Und das nächste Erlebnis wartet schon.

Mit 29 erfüllt sich Sophia einen Traum, eine Reise nach Neuseeland mit ihrer Schwester Julia und deren Mann Lennard. Vier Wochen haben sie, vier Wochen Zeit zum Entdecken, Staunen und um alle Wunder der Natur aufzunehmen. Es ist unglaublich schön. Sophia erinnert sich nicht, sich schon mal so frei gefühlt zu haben. Sie empfindet eine tiefe innere Ruhe, Gelassenheit und sie spürt Vertrauen, auf alles, was war und noch kommt, wenn sie so am Wasser steht, die Wellen beobachtet, das Salz auf den Lippen schmeckt und das Farbspiel beginnt. Wenn sie durch den Regenwald wandert, umgeben von Bäumen, Palmen und Pflanzen, so hoch wie sie nur schauen kann. Wenn sie bei den letzten Sonnenstrahlen an einem See zwischen den Bergen sitzt und Schnee entdeckt. Wenn sie nachts den Reißverschluss von ihrem Zelt aufmacht, hinausschaut und unter dem Sternenzelt steht. Noch nie hatte sie so viele Sterne gesehen.

Das gibt ihr Vertrauen. Das hier ist unser Platz, unsere Erde. Da draußen, da oben, da ist noch so viel mehr. Es wird immer weiter gehen. Egal, in welche Richtung wir uns bewegen.

Augen, die vertrauen

Mundwinkel, die nach oben schauen

Staunen

Gefühle, die höher schlagen

Ein lächelndes Herz

Mit einer leichten Schwere

Einer beruhigenden Wärme

Gelassenheit

Bereit

Während ich die Ruhe höre

Stark und Laut

Unerschütterlich

Hier bin ich

Ich

Die drei haben eine unvergesslich schöne Reise zusammen. Einer von Sophias Lieblingsmomenten, als Julia, Lennard und sie in Glendhu Bay das Himmelszelt übersät mit Sternen bewundern, zum See hinuntergehen und sich die Sterne im Wasser spiegeln, hängt nun an ihrer Wand.

Mit einem Blick auf das Bild holt sie sich den Moment jedes Mal ein bisschen zurück. Denn auch wenn sie nicht mehr dort sind und die Zeit vergangen ist, das Gefühl, das bleibt.

Am Ende ihrer Reise passiert etwas Verrücktes, unsere Welt ist in eine Krise geraten. Unsere ganze Welt. Es ist die erste Krise, die Sophias Generation erlebt. Sie ist scheinbar unsichtbar, was frustriert. Und doch so präsent, dass es Kontaktverbote gibt, Schulen und Geschäfte schließen, keine Konzerte, kein Festivalsommer. Sophia ist jeden Tag frohen Mutes, es geht ihr gut in dieser Zeit. Keiner aus ihrem Umfeld ist stark betroffen und sie selbst hat viel Zeit, um Musik zu machen und kreativ zu sein. Keine ernsthaften Sorgen belasten sie. Sie muss einfach nur mal zu Hause bleiben. Niemanden treffen. Keine Umarmungen. Keine Nähe. Kein freies zusammen Lachen, Tanzen. Leben?

An manchen Tagen vermisst sie ihre Familie sehr. Ihre Freunde, Maria. Heute macht sie einen Tag Pause, eine Auszeit des frohen Mutes. Sie erinnert sich daran, wie gut es tun kann, Frust zuzulassen. Über das, was gerade in der Welt los ist. Und über diese eine Sache im Leben, über die sie nie ganz hinwegkommen wird, die sie einfach nicht versteht. Auch heute noch nicht.

Die Welt spielt verrückt

Manchmal lieg' ich hier

Und denk' an nichts

Schau aus dem Fenster raus

Und denk an dich

Frag mich, was du gerade machst

Und denk an mich

Und ja, ich komm' schon klar

Aber ist das wirklich wahr?

Was ist nur da draußen los?

Wann kann ich euch nochmal umarmen?

Und was sind das für ignorante Fantasien?

Die euch jetzt auf die Straße bringen

Was muss denn hier noch passieren

Und was ist das für ein Kampf?

Visuell nicht greifbar

Ist es das, was wütend macht?

Scheinbar

Keine Ahnung

Ja, scheinbar

Einfach ratlos

Schau mal raus

Die Welt lässt keine Leinen los

Die Welt spielt nur verrückt

Die Welt ist heut' bedrückt

Und die Erde atmet auf

Für sie steht alles still

Für sie fehlt kein Stück

Für sie gibt es nichts, dass sie vermisst

Für mich gibt es viel, dass ich vermiss'

Was für ein grauer Tag

Die Wolken hängen tief

Und ziehen langsam

Ziehen heute nicht vorbei

Wo bist du?

Kann dich nicht mehr sehen

Der Nebel wird dichter

Es tut mir so leid

Ich bin noch nicht bereit

Es ist zu viel Gewicht

Zu viel, das ich vermiss'

Ich bin noch nicht bereit

Etwas loszulassen

Will sie immer noch zurück

unsere Zeit

Kommen und gehen

Ich kann es nicht verstehen

Nur die Erinnerung, die bleibt

Nicht genug für mich

Ich will dich zurück

Es soll kein Wiedersehen geben

Ein Gedanke, der zerreißt

Was soll das überhaupt heißen?

Nie mehr wir

Jeder lebt sein Leben

Und dann ist es vorbei?

Ich möchte dabei sein

Möchte dich lachen sehen

Noch einmal

Möchte wissen, was dich antreibt

Jeden Tag

Und was ist heute deine Last?

Meine ist das Leben

Ich möchte wissen, was uns bleibt

Die Erinnerung an die

Die einmal bei mir waren

Jetzt nur noch ein Puzzleteil

Ein Teil von meinem Bild

Sein Platz wirkt viel zu klein

Wann schließt sich unser Kreis?

Kommt alles nochmal zurück?

Oder ist unser Weg vorbei?

Sie weiß es nicht. Wann der Weg zu Ende ist, den man gerade geht, wann sich Wege trennen, wieder finden oder auch nicht, das weiß sie nicht. Vielleicht ist das auch gut so. Sie würde nicht wissen wollen, wann es vorbei ist. Wichtig ist zu wissen, dass es jeden Moment nur einmal gibt. Und wir jeden schönen Moment, der uns glücklich macht, Wärme gibt, uns selbst sein lässt, mit Liebe erfüllt, genau dann schätzen müssen, wenn wir ihn erleben. Nichts bleibt für immer und Zeit kann man nicht kaufen. Etwas, das man gerade in dieser Krise merkt.

Zeit vergeht

Zeit verfliegt

Zeit rennt davon

Zeit vergibt

Zeit heilt

Zeit eilt

Ohne Eile

Denn Zeit

Hat noch 'ne Weile

Läuft ewig weiter

Aber eins, das macht Zeit nicht

Zeit kommt nicht zurück

Zeit kommt nicht zurück. Das hatte schon ihr Opa gesagt. *Ob jung, ob alt, ob arm, ob reicht, die Zeit, sie ist für alle gleich.*

Ihr Opa hatte, wie die meisten aus ihrer Familie, in Hamburg gelebt. Sie hat immer noch ein Heimatgefühl dort, obwohl sie mit ihren Eltern und Julia schon früh weggezogen sind. Ein Teil von ihr fühlt sich sehr wohl in Hamburg. Aber wohl hat sie sich auch hier gefühlt, hier aufzuwachsen war toll, und auch dort, wo sie jetzt lebt, fühlt sie sich zu Hause. Aber was heißt das eigentlich, zu Hause. Daheim. Was ist das, und vor allem, wo ist das?

Der Ort auf den alles zurückgeht. Wo alles begonnen hat, jeder Teil von ihr, jede Geschichte, an die sie heute zurückdenkt. Der Ursprung von allem was sie ist. Ihre Werte, ihre Gedanken, was sie stark macht, was sie traurig macht, was sie hält, was sie fallen lässt, wovon sie träumt, was davon sie erlebt, dass sie lebt, alles begann Zu Hause. Als kleiner Toddler, der lange nicht eingesehen hat selbst zu laufen oder sich sonst irgendwie aus eigener Kraft fortzubewegen, dafür sehr schnell das Lachen gelernt hat. Und Vertrauen.

Daheim ist wo dein Herz tanzt

Klingt in meinem Ohr

Das ist leicht, denke ich

Denn mein Herz weiß

Wo es hingehört

Ihr seid immer da

Die Antwort ist immer ja

Du kannst, du schaffst, du machst das

Du bist toll

Und wir hoffen, du weißt das

Ich hoffe, ihr wisst, dass

Ich ohne euch nicht nur nicht wäre

Sondern auch nicht ich

Bei jedem Schritt weiß ich

Dass ich nicht allein da stehe

Und wenn ich einmal stolpere

Dann haltet ihr mich

Weil ihr da seid

Wage ich mich

Nach oben zu bauen

Über den Tellerrand hinaus zu schauen

Und wenn es mal schwierig wird

Nicht davon zu laufen

Ihr habt mir alles mitgegeben

Um irgendwann meinen eigenen Weg zu gehen

Und wie gerne schaue ich zurück

Mit einem Schmunzeln und voller Stolz

Dinge, die ich heute vergesse

An die habt ihr gestern schon gedacht

Und vorsichtshalber

Schon mal alles Nötige mitgebracht

Auch krank

Ging es mir nie wirklich schlecht

Weil die Schokolade nach dem Sinupret

Doch die beste ist

Geht etwas kaputt

Sage ich es euch

Und schon ist es wieder

Fast wie neu

Auch mitten in der Nacht

Werden noch Hausaufgaben gemacht

Und das Mittagessen

Hat doch immer am besten geschmeckt

Wenn ich wusste

Dass meine große Schwester

Mich vom Kindergarten nach Hause bringt

Ja, in meiner Kindheit

Habe ich nie etwas vermisst

Bis auf das ein oder andere Osterei

Dass sich vermutlich gerade noch

In einem Grömitzer Garten versteckt

Und Ostereier

Die suche ich noch heute

Weil Kind sein manchmal

Einfach so schön ist

Und mich daran erinnert

Dass ich bei euch auch heute

Nichts vermiss'

Zu Hause, das ist Wärme

Zu Hause ist geborgen

Zu Hause, das ist Glücksgefühl

Zu Haus' kann ich mich finden

Weil ich mich hier nicht verlier'

Zu Hause ist mehr als ein Ort

Zu Hause das seid ihr.

Sophia ist glücklich. Sie kennt ihr zu Hause, es ist kein fester Ort, kein Platz. Es ist ein Gefühl, es sind die Menschen, die Umgebung, die einem dieses Gefühl geben. Für sie ist es ihre Familie.

Zeitfracht Medien GmbH
Ferdinand-Jühlke-Straße 7
99095 Erfurt, Deutschland
produktsicherheit@kolibri360.de